(A. M.)

VIE DU VÉNÉRABLE

PIERRE-MARIE-LOUIS

CHANEL

Prêtre de la Société de Marie

ET PREMIER MARTYR DE L'OCÉANIE

PAR

L'ABBÉ MARTIN

Proto-notaire Apostolique

BOURG

IMPRIMERIE J.-M. VILLEFRANCHE

—

1886

AUX BERGERS

ET AUX ENFANTS DU CATÉCHISME

De Cuet, de Cras et de toute la Bresse

CHERS ENFANTS,

C'est pour vous que ce petit livre est écrit. Il va vous raconter la vie d'un grand serviteur de Dieu, du vénérable PIERRE-MARIE-LOUIS CHANEL, votre compatriote, qui, comme vous, a gardé les troupeaux sur les rives fleuries de la Reyssouze et du Reyssouzet. Les bergers de Bethléem furent appelés les premiers au berceau de Notre Seigneur et reçurent ses premières bénédictions. Aujourd'hui comme alors, il les aime et les bénit toujours, quand ils sont sages. L'histoire que vous allez lire et le cantique que vous chanterez, vous en fourniront la preuve et vous serviront d'exemple.

(A. M.)

VIE DU VÉNÉRABLE

Pierre-Marie-Louis CHANEL

Pierre Chanel est né le 12 juillet 1803, à la Potière, village de Cuet, canton de Montrevel, département de l'Ain. Il était le cinquième des huit enfants de Claude Chanel, son père, et de Marie-Anne Sibellas, sa mère. Il reçut au baptême le nom de Pierre. Sa mère, chrétienne fervente, lorsqu'elle le portait dans son sein et avant de l'avoir mis au monde, l'avait déjà consacré à la Sainte-Vierge. Plus tard, quand il apprit et comprit le bonheur d'avoir été consacré à la Mère de Dieu, par la piété de sa mère, il ajouta à son nom de baptême celui de Marie. Le jour de sa confirmation, pour se donner un modèle et un patron de plus dans le ciel, il choisit pour troisième patron saint Louis de Gonzague. Quand nous entrons dans la vie, nous sommes tous exposés à bien des dangers pour l'âme et pour le corps, et nous avons besoin de protecteurs et d'amis qui puissent nous secourir et nous assister. C'est pour cela que l'Eglise nous donne des patrons au baptême et à la confirmation. Le petit Chanel avait donc trois protecteurs et amis dans le ciel, saint Pierre, la Sainte-Vierge et saint Louis de Gonzague, dont tous les ans il célébrait la fête avec une grande dévotion.

Après le saint baptême, la plus grande grâce que nous puissions avoir reçue du ciel en venant au monde, c'est d'être né de parents chrétiens. Si nous avions à choisir pour mère, entre une femme pauvre mais chrétienne, et une reine riche mais non chrétienne, nous ne devrions pas hésiter à choisir la première. Pierre Chanel fut favorisé sous ce rapport. Marie-Anne Sibellas, sa mère, bien que ne sachant pas lire, connaissait sa religion et en remplissait tous les devoirs avec exactitude et ferveur. Et non seulement elle remplissait ses devoirs, mais elle faisait régner la crainte de Dieu dans sa maison. Il n'aurait pas fallu, le dimanche, que quelqu'un s'absentât des offices, qu'il fît un jurement ou tînt un mauvais propos en sa présence ; à l'instant elle l'aurait chassé sans miséricorde. Pierre ne savait pas encore parler, que sa mère, dirigeant ses petits bras, lui avait appris à faire le signe de la croix. A mesure qu'il grandissait, elle lui enseignait ses prières et les récitait avec lui.

Pierre correspondait admirablement aux exemples et aux enseignements de sa mère, et se distinguait des enfants de son âge par sa piété et son heureux caractère. Sous le toit paternel, il trouva, dans sa cousine, Jeanne-Marie Chanel, du même âge que lui, les mêmes goûts et les mêmes dispositions à la piété. Quand ils furent assez grands et qu'on le leur permit, ils allèrent ensemble à la messe, quelquefois à Saint-Didier-d'Aussiat, le plus souvent à

Montrevel. C'était une fête et un grand bonheur pour eux. Ils auraient voulu y aller tous les jours, mais la distance à parcourir était longue et les chemins mauvais. Il n'y avait alors dans tout le pays qu'une grande route, celle de Montrevel à Bourg. Pour se dédommager de cette privation, ils imitaient, à la maison, les cérémonies qu'ils avaient vues et qui leur avaient laissé une si vive impression. Ils sonnaient la messe, ils la disaient, ils distribuaient le pain bénit, ils faisaient des processions. Pierre était toujours le premier à proposer les cérémonies religieuses, qu'il exécutait avec une grâce merveilleuse, imitant le recueillement et la gravité du prêtre à l'autel.

Jeanne-Marie Chanel dut quitter la Potière pour aller habiter avec ses parents, un hameau de la paroisse de Cras. Pierre rencontra alors dans sa sœur Marie-Françoise, un peu moins âgée que lui, des goûts semblables aux siens. Aussi, s'aimaient-ils d'une affection particulière, affection que la nature et la grâce semblaient justifier : même visage, même caractère, mêmes sentiments, mêmes attraits pour la piété. Jamais entre eux querelles ni disputes, comme on en voit trop souvent entre frères et sœurs dans les familles non chrétiennes. Ils se plaisaient à prendre ensemble leurs récréations, à prier, à parler du bon Dieu et de la Saint-Vierge. Chargés de distribuer les petites aumônes de la maison aux pauvres nombreux qui la fréquentaient, c'était entre eux un combat d'empressement et de générosité. L'exemple de l'un apprenait à l'autre ce qu'il devait faire. Plus tard, comme nous le verrons, ils embrassèrent tous les deux la vie religieuse et eurent le bonheur de vivre et de mourir dans une Société spécialement consacrée à Marie.

***

L'extérieur du jeune Pierre semblait refléter la beauté de son âme. Sa taille était mince, sa démarche modeste, ses traits réguliers et candides, son regard doux et intelligent. Sur toute sa personne se peignait je ne sais quoi d'angélique, et on ne pouvait le voir sans l'aimer. La bonté de son cœur le rendait sensible à toutes les souffrances dont il était témoin. Il ne pouvait voir réprimander son frère ou l'une de ses sœurs sans en être ému et sans perdre sa gaîté ordinaire.

Dès l'âge de sept ans, Pierre eut à garder le troupeau de la ferme. Devenu prêtre, il parlait ainsi de sa vie de berger : « Il fallait me lever de grand matin. Ma mère (elle était si pieuse et si bonne !) ne manquait jamais de me demander, avant mon départ, si j'avais fait ma prière. Je l'embrassais comme pour recevoir sa bénédiction. Elle me passait au bras un petit panier dans lequel elle avait eu soin de mettre quelques provisions pour mon dîner. Puis elle me recommandait d'être bien sage ; je partais gaiement suivi de mon chien qui faisait bonne garde autour de mon troupeau. Le pauvre animal n'était pas joli, mais il avait un instinct admirable. Je pouvais me reposer sur lui de la vigilance que j'avais à faire. Pour le payer de ses bons services, je ne l'oubliais jamais à l'heure du repas. »

Ce n'est pas Pierre, devenu berger, qui par défaut de vigilance aurait permis à son troupeau, comme cela arrive trop souvent, de pénétrer dans le champ voisin et d'y faire des dégâts. Il savait que si, par sa faute, ses bœufs et ses vaches venaient à porter préjudice aux voisins, sa conscience l'aurait obligé à une réparation; aussi veillait-il attentivement pour prévenir tous leurs écarts et n'avoir pas ensuite à les ramener, comme tant d'autres, par des transports de colère et des jurements. Pierre était bon partout et envers tous, envers son troupeau comme à l'égard de ses camarades. Sa piété ne le rendait pas moins gai que ses compagnons. Il savait même les attirer à lui pour leur offrir d'innocentes parties de plaisir. Mais son attrait particulier le ramenait le plus souvent aux cérémonies de l'Eglise: il construisait de petits autels, et quelquefois même il prêchait ses camarades en leur répétant ce qu'il avait retenu de l'instruction du dimanche. Dans la belle saison, presque toujours il rapportait, en rentrant à la maison, un bouquet de fleurs qu'il plaçait devant l'image de la Sainte-Vierge, au pied de laquelle il s'agenouillait soir et matin pour faire sa prière.

***

Quand vint l'hiver de 1810, les parents de Pierre, qui ne savaient ni lire ni écrire, songèrent à l'envoyer à l'école primaire de Saint-Didier, la plus rapprochée du village de la Potière. Mais comme la distance était longue et quelquefois même impossible à franchir en temps de pluie ou de neige, il n'assistait point assez régulièrement à l'école pour faire de vrais progrès. Au printemps, il abandonnait la classe pour reprendre la garde de son troupeau.

Pierre avait à peine huit ans lorsqu'il se confessa pour la première fois. Avant d'entrer au confessionnal, il fit un sérieux examen de conscience. Craignant d'omettre quelques fautes, il dit à sa mère, en lui faisant sa confession : « Voilà tout ce que j'ai pu trouver; aidez-moi, je vous prie : vous savez mieux que moi ce que j'ai fait. » Au sortir du confessionnal, il alla faire sa pénitence devant l'autel de la Sainte-Vierge, et de retour à la maison, il ne put s'empêcher de manifester la joie qu'il éprouvait en pensant que Dieu lui avait pardonné ses péchés.

Pendant l'hiver de 1811, Pierre retourna à l'école de Saint-Didier. Ces leçons, interrompues pendant l'été et que personne ne pouvait suppléer, n'avançaient guère son instruction, malgré sa bonne volonté et ses bonnes dispositions. La Providence allait y pourvoir d'une manière inattendue. Qui aurait pu dire alors que Pierre, qui savait à peine lire couramment, serait un jour prêtre, missionnaire dans les pays étrangers et mourrait martyr? Nous ne sommes pas sur la terre pour vivre au hasard et nous faire chacun notre destinée selon notre fantaisie; en nous appelant à la vie, Dieu nous appelle chacun à un état particulier. Quand un enfant est sage, obéissant à ses parents et à ses maîtres, quand il remplit bien ses devoirs de chrétien, Dieu le prend comme par la main et le conduit, presque sans qu'il s'en doute, à l'état auquel il est appelé. C'est ce qui arriva à Pierre Chanel, comme la suite va nous l'apprendre.

*
* *

A la fin d'octobre 1811, la paroisse de Cras, voisine de Cuet, venait de recevoir pour curé M. Trompier, prêtre instruit et d'un grand zèle. Son premier soin, en prenant possession de sa paroisse, fut de choisir parmi les enfants du catéchisme ceux qui lui paraissaient les plus capables et les plus pieux, afin de les instruire et de les préparer à la prêtrise. On sortait de la grande révolution et les prêtres étaient rares alors. La plupart des anciens étaient morts en exil ou sur l'échafaud. Ceux qui avaient échappé à la guillotine avaient à cœur de préparer de jeunes prêtres pour les remplacer.

M. Trompier avait choisi pour directeur de sa conscience, le vénérable M. Camus, confesseur de la foi pendant la Révolution et alors curé de Saint-Didier-d'Aussiat. Quand M. Trompier allait trouver son confesseur, il lui arrivait quelquefois de prendre un sentier à travers champs, et volontiers il adressait la parole aux bergers qu'il rencontrait sur son passage. Un jour qu'il s'était égaré, M. Trompier avise un jeune berger qui s'offre à le remettre sur sa voie. Chemin faisant, M. Trompier interroge son guide : *Comment t'appelles-tu, mon ami ? — Je m'appelle*, répond celui-ci, *Pierre Chanel. — Quel est ton âge ? — Neuf ans et demi. — Où vas-tu à l'école ? — A Saint-Didier. — Que sais-tu ? — Pas grand chose.* M. Trompier, charmé des manières aimables, de la candeur de l'enfant, eut-il dès lors quelque pensée de le prendre un jour au nombre de ses élèves, nous l'ignorons ; ce que nous savons, c'est que peu de temps après, l'ayant rencontré de nouveau, il lui dit : « *Eh bien ! Pierre, te voilà grand, voudrais-tu venir à Cras? — Oh ! oui, Monsieur le Curé, c'est tout mon désir.* » Et dans son regard se peignit l'expression du bonheur. M. Trompier poursuivant sa route, passa à la Potière, vit les parents de Pierre et obtint sans peine leur consentement. A la Saint-Martin, 1814, Pierre quitta, non sans émotion, la maison paternelle et vint s'établir à Cràs chez une parente pour pouvoir fréquenter plus assidûment et avec plus de profit l'école du village. Dira-t-on que cette rencontre de M. Trompier avec Pierre Chanel fut un effet du hasard ? Autant vaudrait dire que Notre Seigneur rencontra par hasard ses apôtres sur les bords du lac de Génézareth, et qu'il leur dit : « Suivez-moi. » Pour Pierre comme pour les apôtres, l'appel de M. Trompier fut une grâce d'en haut et un choix de prédilection que le Seigneur fit de lui au milieu des autres bergers. Quoi qu'il nous arrive, n'attribuons rien au hasard, Dieu est partout et préside à tout.

*
* *

A Cras, comme à la Potière, Pierre se fit aimer par son heureux caractère, et M. Trompier, qui avait l'œil sur lui, lui fit faire de nouveaux progrès dans la piété. A Pâques, 1815, il dut retourner à la Potière pour reprendre la garde de son troupeau, mais il revenait à Cras tous les mois pour se confesser. Il était devenu si studieux, même en gardant son troupeau, que son père et sa mère disaient : « *Qu'a donc notre petit Pierre ? Depuis qu'il est allé en classe à Cras, il veut toujours avoir ses livres.* »

Quel honheur pour Pierre, quant au retour de l'hiver, il put cesser d'être berger pour redevenir écolier. Mais survint un contre-temps qui semblait devoir compromettre son projet d'étudier pour devenir prêtre. M. Trompier, nommé curé à Monsols, dans le département du Rhône, quittait Cras, emportant le regret de tous ses paroissiens. Personne n'était plus désolé que Pierre, lorsque le bon curé, qui l'avait pris en affection, proposa à ses parents de l'emmener avec lui et de se charger de son éducation. La proposition fut acceptée avec reconnaissance, Pierre avait bien prié ; aussi quand il apprit qu'il irait à Monsols, il s'écria : « *Ah ! si la Sainte-Vierge n'y avait pas mis la main, les choses n'auraient pas si bien réussi.* »

A Monsols, le jeune Chanel redoubla d'ardeur pour l'étude. Dans ses moments de loisir, il faisait ses délices d'une lecture qui put l'instruire et l'édifier. Nulle lecture ne l'intéressait plus que celle des *Lettres édifiantes*, qui alors remplaçaient les *Annales* non encore existantes de la *Propagation de la foi*. Ces lettres allumèrent dès lors dans son cœur le désir d'être un jour missionnaire et de passer les mers pour travailler à la conversion des infidèles.

Dans le jardin de la cure. Pierre avait un petit parterre, qui témoignait de son goût et en même temps de sa piété ; car les fleurs qu'il cultivait avec tant de soin, il ne les cueillait que pour en parer l'autel de la Sainte-Vierge. Quelque part qu'il se montrât, son air de candeur et de modestie frappait les regards. Aussi tous l'admiraient et l'aimaient. Les mères de famille enviaient le bonheur de ses parents et le citaient comme un modèle à leurs propres enfants. Mais on rencontre partout des enfants mal élevés, querelleurs et méchants qui aiment à contrarier leurs camarades et leur cherchent dispute. Un de ces garnements voyant un jour Pierre Chanel sortir de l'église, dit à ses camarades : « *Voulez-vous que je l'éprouve en lui cherchant dispute?* » — « *Oh ! garde-t'en bien. Toute la paroisse t'en voudrait. Il est si sage et il a si bon cœur, ce petit Pierre !* »

Aux heures de récréation, Pierre se livrait avec une douce gaieté aux délassements de son âge. M. Trompier, qui s'était fait une famille de ses élèves, faisait volontiers avec eux la partie de boules. Quand la récréation était près de finir, il arrivait quelquefois à Pierre de proposer ce qu'il appelait la petite partie : « *Vous verrez*, disait-il en riant, *que je perdrai encore aujourd'hui.* » — « *Beau plaisir*, répondait M. Trompier, *que de jouer pour perdre.* » — « *Oui, sans doute*, répliquait l'enfant, *et j'en suis tout joyeux d'avance; car je vois, lorsque vous gagnez, que cela vous fait beaucoup rire.* » M. Trompier avait aussi remarqué que son élève n'était pas un mauvais joueur, et bien que fort attentif au jeu, il savait perdre la partie sans perdre jamais sa bonne humeur.

M. Trompier avait en peu de temps conquis

l'estime et l'affection des habitants de Monsols. Mais le climat des montagnes du Beaujolais avait tellement éprouvé sa santé qu'un changement devenait nécessaire. Quand on apprit à Cras qu'il devait quitter Monsols, toute la paroisse s'empressa de solliciter le retour de celui qu'elle avait tant regretté. L'administration diocésaine accueillit ce désir, et nomma de nouveau M. Trompier, curé de Cras.

***

Le jeune Chanel, comme on le comprend facilement, goûta un grand plaisir de revenir à Cras, de revoir ses parents et ses anciens camarades. Bien que son absence n'eut été que d'un an à peine, on se plaisait à remarquer en lui, avec le développement de sa taille, un air plus recueilli, un maintien plus grave et des manières plus cultivées. M. Trompier, l'ayant adopté comme son enfant, ne voulut plus s'en séparer et le retint au presbytère. Laissons parler ici, l'un de ses condisciples, M. l'abbé Bernard : « J'aime à me rappeler cette époque, où, « n'étant qu'au début de mes études, je rencontrai, « au presbytère, mon cher et saint ami Chanel. « Quoique d'une santé faible et délicate, il était « fort laborieux. On remarquait déjà en lui une « belle intelligence et une grande piété. Dans nos « heures de délassement, il s'associait à nos jeux ; « quelquefois même il y mettait de l'entrain ; tou- « jours il y apportait de la franchise et de la com- « plaisance. Avec la douceur, la modestie et les « autres vertus que nous lui connaissions, pouvait-

2

« il n'être pas aimé! L'abbé Trompier s'efforçait « inutilement de voiler sa prédilection pour cet « élève accompli ; nous ne doutions pas qu'il nous « portait tous dans son cœur, mais il était facile de « nommer celui qui en occupait la première place. « Cette préférence était si bien méritée qu'elle ne « souleva jamais parmi nous le plus léger sentiment « de jalousie. »

M. Trompier ne perdait jamais de vue les élèves confiés à ses soins et ne laissait échapper aucune occasion de les former à la vertu. Un voisin de classe sollicita, un jour, de Chanel, l'emprunt de ses cahiers pour transcrire son devoir et s'épargner la peine de le faire. Pierre n'écoutant que son cœur crut bien faire et lui prêta volontiers son cahier. Cette petite fraude fut aisément connue par le maître. M. Trompier, après avoir repris celui qui avait copié son devoir, n'épargna pas celui qui, par une complaisance déplacée, s'était rendu complice d'un acte de paresse.

Une autre fois, M. Trompier lui refusa la permission d'aller à la Potière, pour voir ses parents, parce qu'il avait remarqué, dans son devoir, quelque trace de négligence. Pierre évita de se plaindre et de pleurer. « Que nous serions ingrats, disait-il, si nous ne sentions que c'est pour notre bien que l'on fait la guerre à nos défauts. »

***

Le jeune Chanel n'était pas du nombre de ces élèves qui n'obéissent que lorsqu'on les surveille.

En l'absence comme sous l'œil du maître, il respectait les ordres qui lui étaient donnés. Un seul trait suffit pour peindre l'estime qu'il faisait de l'obéissance. Malgré la défense de M. Trompier, quelques enfants allaient se baigner dans les eaux de la Reyssouze. Quant à Pierre, on eut beau lui faire à cet égard les plus vives sollicitations, il répondit toujours : « *Monsieur le Curé l'a défendu.* » Mais il ne le saura pas . « *N'importe, Dieu nous voit et cela me suffit.* »

Pierre Chanel ne se lassait point d'être à l'église. Un attrait particulier le portait à entendre la parole de Dieu. Son œil suivait tous les mouvements du prédicateur et son oreille ne perdait aucune de ses paroles. La voix du prêtre l'impressionnait comme celle de Dieu même. Sa piété était encore plus admirable, quand il assistait à la messe. Sa tenue avait quelque chose de si pieux et de si édifiant, que plus d'une fois, dit un de ses condisciples, j'ai entendu M. Trompier et les habitants de Cras faire le plus bel éloge du jeune Pierre et dire de lui : *A coup sûr celui-là sera prêtre* ».

C'était l'affliger sensiblement que de commettre dans l'église la moindre irrévérence. Un enfant du catéchisme s'amusait, un jour en entrant, à jeter de l'eau bénite au visage de son voisin. Pierre, qui s'en aperçut, le saisit par le bras et le reprit de son étourderie. « C'était pour rire » répondit l'enfant. « *Il n'est pas permis de rire,* répliqua Chanel, *en manquant de respect aux choses saintes.* » La leçon fut bien reçue et porta ses fruits.

L'esprit de foi, dont il était pénétré, se faisait

remarquer jusque dans un signe de croix, et même dans une simple génuflexion. Jamais il ne passait devant une église sans saluer le Saint-Sacrement. Il se découvrait également toutes les fois qu'il rencontrait un prêtre, une croix ou une image de la Sainte-Vierge.

Sa charité pour les pauvres s'augmentait à mesure qu'il croissait en âge. Il aimait à leur parler, sachant que Jésus-Christ se cache sous le manteau de leur misère et de leur souffrance. La vue d'un malheureux l'attendrissait jusqu'aux larmes. Un mendiant se présentait-il à la porte du presbytère, il courait aussitôt en informer M. Trompier, qui ne le renvoyait jamais les mains vides. « Mais qui vous presse donc si fort ? » lui dit un jour la servante de la cure. « *Il y a un pauvre là-bas* » répondit-il. Souvent c'était sa propre bourse qu'il mettait à contribution ; à force d'y puiser, l'argent destiné à ses menus plaisirs s'écoulait tout en aumônes.

***

Mais Pierre Chanel touchait au grand jour de la vie, après lequel il soupirait depuis longtemps. Bien qu'âgé de treize ans et demi et si sage, il n'avait point encore fait sa première communion. M. Trompier n'y admettait ses enfants qu'après une longue et sérieuse préparation. Trop d'enfants ne désirent faire leur première communion que pour être délivrés de l'obligation d'assister au catéchisme et pouvoir ensuite se livrer avec plus de facilité à leur amusement. M. Trompier ne l'entendait pas ainsi

Tant qu'un enfant manquait d'instruction, tant qu'il ne le voyait pas exact à se confesser, cet enfant eut-il quatorze ou quinze ans, M. Trompier le refusait impitoyablement. Quelquefois les parents venaient le prier et même le menacer, sans pouvoir le faire changer de résolution. « J'aime mieux vos enfants que vous, leur répondait-il. Si vos enfants sont bien préparés à la première communion, ils feront votre joie et la consolation de votre vie. S'ils sont mal préparés et disposés, s'ils font une communion sacrilèges, vos enfants deviendront libertins et feront votre désolation et votre déshonneur. La première communion ouvre le ciel ou l'enfer, selon qu'elle est bien ou mal faite. »

Pierre avait toutes les dispositions requises. Il fut donc admis et s'empressa d'annoncer cette heureuse nouvelle à ses bons parents, en leur écrivant une lettre où se révèlent ses sentiments de piété, de joie et de bonheur. Dès lors il ne pensa plus qu'à la grande action qu'il allait faire. Non seulement il examina sa conscience avec soin pour n'omettre aucun péché dans sa confession générale, mais il s'excita surtout à la contrition. Bien qu'il fût probablement le plus sage parmi ses camarades, en voyant combien il paraissait contrit et repentant, on aurait pu croire qu'il était le plus coupable d'entre eux. Le 23 mars 1817, dimanche de la Passion, quand il entendit, à son réveil, le son de toutes les cloches, ce fut pour lui comme si la voix des anges l'eut appelé à monter au ciel. Il allait enfin s'unir à son Dieu et ne faire qu'un avec lui. « Je n'oublierai jamais, dit un témoin oculaire, le touchant spectacle qu'offrit alors la piété du jeune Chanel. Bien que les communiants fussent nombreux, je ne voyais que lui seul et ne pouvais en détacher mes regards. Il me semble encore le voir à genoux, les mains jointes, le front rayonnant d'une joie céleste, ayant toute l'attitude recueillie avec laquelle on représente les anges en adoration devant la Saint-Sacrement. Et pour que rien ne manquât à la joie d'un si beau jour, il vit, selon la pratique des familles chrétiennes, son père et sa mère l'accompagner à la table sainte. »

A partir du jour de sa première communion, on vit Pierre redoubler d'ardeur pour le travail et de zèle pour le service de Dieu. Et cependant, qui le croirait? Il était à la veille d'une épreuve qui pouvait compromettre sa vocation et anéantir toutes les espérances qu'il avait données. Vers l'âge de quinze ans, Pierre Chanel se trouva pris soudain d'un si profond dégoût pour le travail qu'il ne put le surmonter. Un jour, comme hors de lui-même, il part sans rien dire pour rentrer à la Potière. Mais après avoir quitté la cour du presbytère, il rencontre une personne pieuse, Mlle Chambard, qui l'accoste : « Eh bien, Pierre, où vas-tu ?—*Je m'en vais.* —As-tu parlé à ta tante? Au moins as-tu consulté la Sainte-Vierge ?—Les yeux baissés, Pierre ne répondit rien. — Crois-moi, Pierre, vas d'abord à l'église et prie la Sainte-Vierge. » Le jeune homme obéit. Bientôt il sort tout joyeux, et tenant ses livres sur sa tête : « *Eh bien, je reste,* » dit-il à Mlle Chambard.

Vingt ans plus tard, Chanel se rappelant cette époque de sa vie, qu'il appelait l'époque de sa conversion, disait : « Vraiment, je ne sais ce que j'avais dans la tête ; je crois que le diable s'y était logé. Le mauvais ! peu s'en est fallu qu'il m'ait joué un vilain tour. J'étais, sans pouvoir me l'expliquer, dans les angoisses et dans une espèce d'agonie qui touchait presque au désespoir. Si j'ai retrouvé le calme et le courage, je le dois à la Sainte-Vierge. »

Il n'oublia jamais cette faveur ni sa bonne conseillère. Depuis lors, il ne passa aucun jour sans réciter son chapelet ; son âme semblait s'être retrempée dans la victoire qu'il venait de remporter. Sa piété et son application n'en devinrent que plus solides et plus persévérantes.

Avant Pierre Chanel, saint François de Sales, encore enfant, avait passé par une épreuve semblable. Il s'était cru au nombre des réprouvés, et ce fut aussi la Sainte-Vierge qui le délivra de cette tentation. Il arrive à presque tous les jeunes gens, au moment où ils doivent embrasser un état de vie, de se sentir découragé et porté à faire un coup de tête. A l'exemple de Pierre Chanel et de saint François de Sales, qu'ils n'entreprennent et qu'ils ne fassent rien sans prendre conseil d'une personne sage et sans avoir invoqué la Sainte-Vierge. Quelle victoire pour le démon, s'il fut parvenu à détourner de leur vocation Pierre Chanel et saint François de Sales !

*
* *

Pierre Chanel, ayant atteint sa seizième année, fut envoyé au séminaire de Meximieux, pour achever ses études de latin. Il y passa quatre ans.

L'année suivante, il fit à Belley son cours de philosophie. Il revint ensuite au Grand-Séminaire de Brou, où, après avoir étudié trois ans la théologie, il fut ordonné prêtre, le 15 juillet 1827, par Mgr Devie, évêque de Belley. Le surlendemain il célébra à Cras sa première messe, à l'autel où il avait fait sa première communion. Ce fut un jour de fête solennelle pour toute la paroisse et en particulier pour le vénérable M. Trompier, qui avait la consolation de voir son élève devenu son confrère et prêtre comme lui. Mais surtout quel honneur et quel bonheur pour la famille Chanel d'avoir donné un prêtre à l'Eglise. Le père et la mère voulurent communier à sa messe et reçurent, de la main de leur fils, le pain des anges que lui-même avait fait descendre du ciel sur l'autel. Ce spectacle touchant fit couler bien des larmes parmi les assistants.

L'abbé Chanel fut aussitôt nommé vicaire à Ambérieu, et, au bout d'un an, curé à Crozet. Mgr Devie, qui l'avait en grande estime, voyant son zèle et son affection pour les enfants, lui permit de se retirer du ministère et d'entrer dans la société de Marie. L'abbé Chanel fut placé au petit séminaire de Belley et y remplit successivement les fonctions de professeur, de directeur et de supérieur. Nous ne faisons ici qu'indiquer les postes qu'il a occupés pendant son ministère dans le diocèse, pour nous étendre davantage sur sa vie de missionnaire.

*
* *

Dans ces différents postes, nous n'avons pas

besoin de le dire, l'abbé Chanel se signala partout par sa piété et son dévouement au salut des âmes ; mais le petit séminaire de Belley n'offrait plus un champ assez vaste à son zèle. Depuis ses premières années la lecture des *Lettres édifiantes* lui avait inspiré le goût et un attrait prononcé pour les missions étrangères. Ce désir ne faisait que s'accroître de jour en jour, par ses relations intimes avec deux condisciples, l'abbé Maîtrepierre, de Cormoz, et l'abbé Bret, de Lyon. Le Souverain Pontife, en approuvant la *Société de Marie*, lui donna la mission d'aller prêcher l'Evangile aux sauvages de l'Océanie. L'Océanie est un assemblage d'îles, plus ou moins rapprochées les unes des autres, dans le vaste Océan, à peu près aux antipodes de la France, et à distance par mer de cinq à six mille lieues. La plupart de ces îles sont habitées par des anthropophages, c'est-à-dire par des hommes qui se mangent entre eux. Un régal exceptionnel pour eux, c'est quand ils peuvent trouver un blanc, c'est-à-dire un Européen pour le faire rôtir et s'en disputer ensuite les morceaux. En général, ces sauvages ont le travail en horreur. Ils vivent, pour la plupart, de pêches, de chasses, de racines et de fruits que produisent certains arbres du pays. Tous sont idolâtres et adorent des divinités souvent aussi cruelles qu'absurdes.

C'est pour travailler à la conversion de ces peuples sauvages, que l'abbé Chanel entra dans la Société de Marie. Il obtint du R. P. Colin, fondateur et supérieur de cette Société, de faire partie du premier envoi de missionnaires. En apprenant cette heureuse nouvelle, sa joie fut au comble. Il tomba à genoux pour remercier Dieu de cette mission et lui demander la grâce de la bien remplir. Voici comment il informa un ami de cette heureuse nouvelle :

« Voulez-vous savoir sur quel point du globe « nous débarquerons ? Prenez un *atlas*, doublez le « cap Horn, situé à l'extrémité de l'Amérique méri- « dionale, et arrivez jusqu'aux antipodes. Notre « mission embrasse tous les archipels compris entre « le sud de la Nouvelle-Zélande et le nord de l'Océan « pacifique. Quel vaste champ nous aurons à défri- « cher ! Que n'avons-nous mille vies pour une telle « entreprise ! Ah ! qu'il me tarde de me confier à la « mer ! Une voix me crie au fond du cœur que ma « véritable patrie est dans les îles qui viennent de « nous échoir en partage. Je ne suis plus mainte- « nant qu'un exilé en France. Ne croyez pas cepen- « dant que j'oublie jamais ma famille, mes bienfai- « teurs et mes amis. Priez, oh ! priez pour moi ! »

Le Père Chanel hâta ses préparatifs, fit ses adieux à ses nombreux amis, mais il avait à passer par une dernière et terrible épreuve. Il avait à se séparer de sa tendre mère et à lui adresser un suprême adieu. Il voulait tout à la fois épargner sa sensibilité et surmonter la sienne. Il fit donc le voyage de la Potière, vit tous ses parents, leur prodigua tous les témoignages de tendresse dont son cœur était rempli ; mais sans leur découvrir son dessein. Dans cette dernière entrevue il eut à lutter contre l'émotion qui l'étouffait et dont il ne se soulagea, lorsqu'il fut sorti, que par un torrent de larmes répandues en secret. La grâce surmonte, mais elle n'étouffe pas les sentiments de la nature. Avec sa sœur, religieuse à Belley, il fut plus à son aise. Ce fut entre eux un pacte de zèle, où ils mirent en commun leurs prières, leurs pénitences et leurs travaux pour la gloire de Dieu et le salut des infidèles.

Ce devoir de piété filiale rempli, le P. Chanel n'avait plus qu'à rejoindre ses compagnons de mission qui l'attendaient à Lyon. La veille de leur départ pour le Hâvre, où ils allaient s'embarquer, les nouveaux apôtres de l'Océanie firent, tous ensemble, le pèlerinage de Notre-Dame de Fourvière; Mgr Pompalier, évêque de Maronie, supérieur de la mission, assisté du P. Chanel, son provicaire, y célébra la Sainte-Messe. Puis les Missionnaires s'agenouillèrent au pied de l'autel. Le Prélat fit, au nom de tous, une consécration solennelle de leur personne, de leurs travaux et des îles qu'ils allaient évangéliser. Cette consécration, signée de leur main, fut renfermée dans un cœur en vermeil que le P. Chanel suspendit au col de la statue de la Sainte-Vierge. Voici ces noms. au nombre de huit, bénis de Dieu et à jamais l'honneur de la Société de Marie :

Mgr Pompalier, évêque de Maronie, le P. Chanel, le P. Bataillon, le P. Bret et le P. Servant.

Puis trois frères catéchistes : Joseph Xavier, Michel, Marie Nizier.

De Lyon, les Missionnaires se rendirent au Hâvre, pour s'embarquer sur le vaisseau la *Delphine*. Ce fut le 24 décembre 1837 qu'ils mirent à la voile. Au moment où le vaisseau leva l'ancre, tous entonnèrent d'un même cœur et d'une même voix l'hymne

Ave, Maris stella. Le vaisseau eut de la peine à sortir du port, et, à l'insu de l'équipage, éprouva une grave avarie au gouvernail. N'en soyez pas surpris. Il faut, pour l'ordinaire, aux œuvres qui doivent produire un grand bien, un baptême de contrariété et d'opposition. Dieu, pour augmenter nos mérites et éprouver notre confiance en sa Providence, permet au démon de nous éprouver lui-même dans une certaine mesure. Les huit Missionnaires formaient pour ainsi dire l'avant-garde d'une armée qui allait conquérir un royaume à Jésus-Christ. Le démon dut donc déployer toute sa puissance pour les faire échouer au port, s'il l'avait pu. Mais soyez rassuré ; Jésus et Marie, sa Mère Immaculée, veillent sur eux.

« Nous partons tous contents, écrit le P. Bret ;
« nous nous reposons en paix, entre les mains de
« la Sainte-Vierge, du succès de la traversée. Com-
« bien qui envient notre sort, et méritaient mieux
« que moi d'être choisis pour la mission que nous
« allons remplir. »

Une seconde lettre, écrite par le P. Chanel, est moins rassurante. « Nous faisions bonne route,
« écrit-il, lorsque soudain nous fûmes en proie aux
« plus vives alarmes. Des quatre tenons qui atta-
« chaient le gouvernail au vaisseau, deux étaient
« brisés et le troisième fort endommagé. On ne s'en
« est aperçu qu'après huit jours de navigation. Le
« dommage est irréparable en pleine mer. Et voilà
« que s'élève une horrible tempête. Le ciel se couvre
« de nuages, l'Océan nous ouvre ses abîmes, tout
« l'équipage est consterné. Je me jette à genoux

« avec nos confrères et nous récitons le *Sub tuum* « et le *Memorare*. Notre prière est entendue, et, « après plusieurs jours d'une navigation la plus « pénible et la plus périlleuse, nous découvrons le « port de *Santa Cruz*, et nous avons le bonheur d'y « jeter l'ancre. Notre premier devoir fut de réciter, « en action de grâces, le *Te Deum* et les litanies de « la Sainte-Vierge. »

Santa-Cruz, où les missionnaires venaient d'aborder, était une ville catholique. Ils y furent accueillis à cœur et à bras ouverts par l'Evêque et les fidèles. Il fallut cinquante-deux jours pour réparer le vaisseau et le mettre en état de continuer sa route. Quand on se remit en mer, le 28 février, trois mois après le départ du Hâvre, le P. Bret était en proie à un violent mal de tête, auquel se joignit bientôt une fièvre ardente que rien ne put maîtriser. Les soins les plus dévoués lui furent prodigués sans succès. Le malade était admirable de piété et de résignation. La mort allait lui ouvrir les portes du ciel. Le dimanche des Rameaux on lui administra le Saint-Viatique et l'Extrême-Onction. Le lendemain le P. Bret déclara qu'il touchait à sa fin, remercia des soins qu'on lui avait prodigués, répéta plusieurs fois qu'il était heureux de mourir Mariste, qu'il lui importait peu que son corps fût dévoré par les poissons ou par les vers. A sept heures du soir, il s'endormit doucement dans le Seigneur. C'était le lundi-saint, 20 mars 1837. Le deuil fut universel parmi les matelots et les passagers. Mais personne ne le ressentit plus vivement que le P. Chanel dont le P. Bret avait été le condisciple et l'ami particulier.

C'était un ouvrier de moins parmi les huit Missionnaires, mais un protecteur qui leur était acquit dans le ciel. En recevant le P. Bret au jugement, Dieu lui avait tenu compte non seulement du bien qu'il avait accompli jusque là, mais encore de toutes les bonnes intentions qu'il portait au fond du cœur.

Le lendemain, Monseigneur célèbra la messe pour le repos de l'âme du cher défunt, tous les Missionnaires communièrent à la même intention, puis, en présence de tout l'équipage, eut lieu la cérémonie des funérailles, cérémonie expéditive, mais d'autant plus funèbre. Pas de fosse à creuser ! pendant que les Missionnaires, détournant la face et les larmes aux yeux, adressaient le dernier adieu à leur confrère, son cadavre glissait sur une planche inclinée et disparaissait sous les flots.

Cet évènement si triste pour nous, raconte le P. Bataillon, fut le signal de la conversion de tout l'équipage. Déjà depuis quelque temps nous nous occupions à instruire les matelots ; quelques-uns avaient cédé à nos exhortations et s'étaient approchés des sacrements, après la mort du P. Bret, ce fut un ébranlement général. Le P. Chanel y concourut d'une manière plus efficace par son zèle aussi insinuant qu'il était ardent.

Le vaisseau continua sa course à travers l'Océan, et, après plusieurs orages où les Missionnaires reconnurent d'une manière visible l'assistance de la Sainte-Vierge, il leur fut enfin permis, le 25 juin, de saluer la terre ferme et d'entrer dans le port de Valparaiso. De cette ville, pendant quelques jours de relâche, le P. Chanel écrivit à sa mère : « Il y a

« sur mer des jours où la navigation est fort agréa-
« ble, il y en a d'autres aussi qui sont bien propres
« à dégoûter de la navigation, mais, grâce à Dieu,
« qu'il fasse bon ou mauvais temps, le Missionnaire
« est toujours content de s'être mis en route. Nous
« avons célébré dans notre traversée les plus belles
« fêtes de l'année. Quelquefois nous avons eu le
« bonheur d'offrir le divin sacrifice ; d'autrefois nous
« en avons été privés à cause de la trop grande
« agitation du navire. Nous nous unissions alors
« aux âmes pieuses qui pouvaient faire plus que
« nous... »

Le séjour des Maristes à Valparaiso fut d'un mois et demi. Outre l'accueil fraternel des PP. de Picpus, qui évangélisaient cette contrée, il leur fut donné de recueillir une grande consolation de leur ministère. Tous les gens de l'équipage, qui les avaient tant consolés pendant la traversée, s'approchèrent de la Table Sainte, et ceux qui n'avaient point encore été confirmés reçurent, le même jour, le sacrement de confirmation.

Les Missionnaires restaient bien éloignés encore des îles qu'ils allaient évangéliser. Le 10 août 1837, ils durent changer de vaisseau et monter sur un brick anglais appelé l'*Europa*, qui faisait voile pour Taïti. Le nouvel équipage était bien loin de ressembler à celui de la *Delphine*. Officiers et matelots étaient protestants et avaient en horreur la soutane et les *Papistes*. « Prions pour ces gens-là, dit le « P. Chanel à ses confrères, et soyons à leur égard « pleins de prévenance et de bonté. » Ce conseil fut suivi, et bientôt la défiance et la haine firent place à l'estime et à l'affection. Souvent même le capitaine les pressait de chanter pour avoir, disait-il, un vent favorable. Partis de Valparaiso le 10 août, les PP. Maristes arrivaient devant Taïti le 22 septembre. Le Consul américain, catholique, n'apprend pas plus tôt leur arrivée qu'il vient la saluer et leur offrir ses services. Par sa protection, la reine *Pomaré*, leur permet de descendre à terre, mais il leur tardait d'arriver au terme de leur voyage. Pour continuer leur route jusqu'aux îles de leur mission, ils durent louer une goëlette qui fut mise entièrement à leur service. Un officier de marine, M. Stoks, qui avait fait avec eux la traversée de Valparaiso à Taïti et dont ils avaient conquis la confiance, s'offrit, par un affectueux dévouement, à leur servir de capitaine. Ses offres furent acceptées de grand cœur.

La veille du départ, 30 septembre, Mgr de Maronie et le P. Chanel célébrèrent la messe dans l'oratoire du Consul américain, qui leur avait demandé cette faveur. Un officier de l'*Europa* les y accompagna avec son fils âgé de sept ans. Monseigneur administra à l'enfant le sacrement de baptême puis celui de confirmation. Le P. Chanel fut le parrain.

Les Missionnaires touchent enfin au terme de leur voyage. Le matin du 5 octobre ils découvrent plusieurs îles de l'Océanie occidentale. Leur cœur tressaille de joie. A *Vavao*, la première île qui se présente, le roi refuse de les recevoir. Repoussés, les Missionnaires reprennent la mer et le 1er novembre ls arrivent en face d'*Uvea*, appelée Wallis par les Anglais. Après quelques hésitations, le roi les accueille et leur permet de descendre dans son île. Mgr Pompallier désigne le P. Bataillon et le frère Joseph pour fonder, à Wallis, la première mission de l'Océanie occidentale. Cette mission réussit d'une manière admirable. Cinq ans plus tard, l'île était entièrement convertie et érigée en vicariat apostolique ; et le P. Bataillon, son premier missionnaire, en devint aussi le premier évêque.

Le 7 novembre, le vaisseau remit à la voile. En passant devant l'île de *Futuna*, pour y déposer un passager, M. Thomas Boog, qui lui avait servi d'interprête, Mgr de Maronie crut devoir se présenter avec le P. Chanel et le frère Marie-Nizier devant Niuluki, roi de la partie orientale de cette île. Il lui offrit quelques présents et en ajouta d'autres avec prière de les distribuer aux principaux chefs du pays. Le roi parut si flatté de cette visite et de ces marques de générosité, qu'il témoigna sa gratitude en invitant les trois étrangers à un festin. Les principaux chefs y furent également convoqués. Un grand nombre de naturels vinrent exécuter sous les yeux des convives des danses joyeuses en les accompagnant des chants et des mouvements qu'ils employaient au jour des réjouissances publiques.

Encouragé par cet accueil inattendu, Monseigneur prit le roi à part, et jugeant le moment favorable, lui présenta ses compagnons de voyage, comme désireux de s'établir dans l'île pour apprendre la langue de Futuna. Il répondit de leur dévoûment à

Sa Majesté, si de son côté elle daignait les prendre sous sa protection et pourvoir à leur subsistance.

Le roi, quoique bien disposé à recevoir ces nouveaux hôtes, ne voulut cependant rien conclure sans prendre l'avis de son conseil. Les chefs et les vieillards furent donc convoqués ; et la majorité des voix se prononça pour l'admission des deux étrangers. « Le séjour de ces blancs, disait-on, ne peut que procurer des richesses au pays. »

La Très-Sainte-Vierge venait d'exaucer les vœux et les prières de ses enfants. Le P. Chanel et le frère Marie-Nizier furent désignés pour fonder la mission de *Futuna*. C'était le 11 novembre 1837, date à jamais mémorable pour l'île et pour la Société de Marie. Parti du Hâvre le 24 décembre 1836, le P. Chanel avait mis dix mois et dix-sept jours pour arriver au lieu, jusque-là inconnu pour lui, de la mission à laquelle le ciel le destinait.

*
* *

Le premier soin du P. Chanel fut de consacrer à la Très-Sainte-Vierge l'île qui lui était confiée, et, en signe de cette consécration, il suspendit à un arbre la *médaille miraculeuse*. L'île que le serviteur de Dieu était chargé d'évangéliser porte le nom de Futuna. Sous cette dénomination, on comprend deux îles que sépare un petit bras de mer. La plus grande, qui peut avoir neuf à dix lieues de tour, conserve le nom de *Futuna*, et l'autre, qui est moins étendue, a pris celui *d'Alofi*.

« *Futuna*, écrit le P. Chanel, est d'une grande

fertilité, et, vue de la mer, elle semble en sortir comme un bouquet de verdure. Les eaux y sont bonnes, abondantes et limpides, sa population est de mille âmes environ. Autrefois elle était plus nombreuse, mais des guerres fréquentes l'ont tellement dépeuplée, qu'aujourd'hui la plupart des vallées sont désertes. »

La grande île est divisée en deux royaumes presque continuellement en guerre. La victoire passait tantôt d'un côté tantôt de l'autre. Dès son arrivée, le Missionnaire comprit que l'esprit belliqueux des insulaires deviendrait un grand obstacle au succès de sa mission. Un meurtre, un acte d'injustice, quelquefois même une simple querelle, suffisaient pour partager l'île en deux camps et allumer une guerre sanglante. La veille du combat, chaque soldat se peignait la figure des couleurs les plus étrangement assorties. Les armes étaient la lance, la hache et le casse-tête, auxquelles ont été ajoutés, depuis quelque temps, le sabre, la baïonnette et le fusil.

Les Futuniens sont d'une taille avantageuse, d'une constitution forte et bien proportionnés ; ils ont le teint cuivré et les traits développés. Leurs vêtements consistent en des feuilles et des nattes qui les recouvrent depuis la ceinture jusqu'aux genoux. Les hommes laissent croître leur chevelure et la lient au sommet de la tête ; ils la délient à la rencontre d'un chef, d'un parent ou d'un ami. Les femmes portent les cheveux courts. A la mort d'un proche parent, elles se rasent la tête. Les jeunes filles laissent croître leur chevelure jusqu'à leur mariage et la coupent après cet acte solennel.

Hommes et femmes portent habituellement suspendus à leurs oreilles des fleurs, des dents de requin ou des coquillages.

L'île de *Futuna*, du moins jusqu'à l'arrivée des Missionnaires, ne produisait ni blé ni vin. Les racines de tarot, d'igname et le fruit de l'arbre à pain, forment le principal aliment du pays. Le cheval, les bœufs, les moutons y sont inconnus, mais on y nourrit des poules et des cochons.

Futuna est sujette à de fréquents tremblements de terre, d'où l'on peut conjecturer qu'elle est assise sur un volcan. Les naturels en donnent une autre explication : selon eux, un de leurs dieux, car ils en reconnaissent plusieurs, est couché à une grande profondeur sous l'île. Quand il a dormi l'espace d'un an sur un côté, il se retourne pour dormir sur l'autre et ce sont les efforts qu'il fait qui ébranlent la terre. Les dieux que les Futuniens adorent ressemblent plutôt à des démons qu'à des divinités. Ils les regardent comme la cause unique de tous leurs maux et le culte qu'ils leur rendent n'a d'autre but que celui d'apaiser leur colère. On n'a pas beaucoup de peine à leur faire sentir le ridicule de leurs croyances ; mais, par un effet de cette crainte puérile, ils n'osent y renoncer. « Si nous nous faisions chrétiens, disent-ils, nos méchants dieux nous mangeraient de colère. » De plus, ils sont persuadés que les dieux descendent et s'incarnent en quelque sorte dans certains hommes privilégiés, et que le plus grand d'entre eux a fixé son séjour dans le roi Niuluki. Ce roi, cependant naturellement bon, pour se donner de l'autorité, a toujours entretenu cette erreur, et se représente tout à la fois comme le roi et le dieu du pays. Ce sera là le plus grand obstacle à sa conversion ; car, pour reconnaître Jésus-Christ, il devrait reconnaître et avouer qu'il n'est lui-même qu'un simple mortel.

*
* *

Après le départ du navire qui l'avait conduit à Futuna, le P. Chanel se transporta à *Alo,* résidence royale, avec le frère Nizier et M. Thomas, son interprète et reçut l'hospitalité dans la case du roi Niuluki, qui le traita comme son blanc et un parent. Il le fit *grand Tapon,* c'est-à-dire sacré et inviolable. Sans plus tarder, le P. Chanel se mit à étudier la langue du pays, pour pouvoir communiquer avec les naturels et plus tard les instruire. Ce n'était pas une étude facile, attendu que la langue était irrégulière et qu'il n'avait à son service ni grammaire ni dictionnaire. Il observait et écoutait, et quand il était parvenu à pénétrer le sens d'un mot ou d'une phrase, sa plume en prenait note pour jeter sur le papier les premiers éléments d'une grammaire.

Le P. Chanel, quelques jours après, fut heureux lorsque Niuluki lui proposa de bâtir dans le voisinage une case qui deviendrait sa propre résidence. Les habitants lui vinrent en aide et la construction fut menée rapidement. Des bâtons arrangés en forme de claie et recouverts de feuilles de cocotier formèrent les murs ; et le toit fut fabriqué pareillement avec des feuilles entrelacées. Située dans la belle vallée d'*Alo,* entourée d'un petit jardin, à deux cents pas de la mer, cette habitation donnait au P. Chanel un petit chez lui et devenait comme une prise de possession dans l'île. De plus, il y avait ménagé un petit oratoire, où il pût célébrer la messe à peu près tous les jours et remplir à son aise tous ses exercices de piété.

Dès qu'il put parler un peu la langue du pays, le P. Chanel parcourut la vallée qu'il habitait. Les premières familles qu'il visita l'accueillirent avec une joie mêlée de respect, sachant que leur souverain l'avait déclaré *grand Tapon*. Elles le firent asseoir sur leurs plus belles nattes. Elles admirèrent sa douceur et furent enchantées des petits présents qu'il leur distribua. Des aiguilles, des épingles, un dé à coudre, un petit miroir étaient une merveille à leurs yeux. Avec le temps, il étendit ses visites aux habitants des autres parties de l'île, et s'il apprenait qu'un enfant était en danger de mort ou qu'une personne était malade, il accourait aussitôt. Quel bonheur pour lui lorsqu'il pouvait arriver à temps pour conférer le baptême à un enfant qui se mourait et envoyer son âme au ciel.

Le R. P. Colin, supérieur général de la Société de Marie, avait recommandé à chaque Missionnaire de faire un journal de sa mission. Le P. Chanel n'eut garde de manquer à cette recommandation. Ce journal, dont le second volume est encore rougi de son sang, nous fait entrer dans le détail de sa vie. Fidélité à tous ses devoirs de piété, célébration de la messe toutes les fois qu'il le peut. Nous le suivons dans ses courses à travers l'île principale et la petite île d'*Alofi*. Un jour, la pirogue sur laquelle il traverse le bras de mer qui les sépare, chavire; et le P. Chanel est entraîné au fond de l'eau. Son compagnon plonge aussitôt et le sauve de la mort. Autant qu'il peut, il annonce la parole du divin Maître. Souvent son corps est en fièvre, ses pieds déchirés, ses jambes enflées peuvent à peine le soutenir, mais son zèle l'emporte et rien ne peut le retenir.

Depuis plus de cinq mois que le P. Chanel avait débarqué à Futuna, il n'avait vu aucun confrère. L'occasion s'étant présentée de faire un voyage à Wallis où il avait laissé le P. Bataillon, il en profita avec empressement, laissant le F. Nizier gardien de sa case. Quel bonheur pour lui de revoir ce cher confrère ! Comme il se jetèrent dans les bras l'un de l'autre ! Quelles confidences intimes ils eurent à échanger ! Ils passèrent environ un mois ensemble, priant, prêchant, s'occupant de leur mission et surtout de l'étude de la langue du pays.

Quand le P. Chanel rentra à *Futuna*, sa case, par les ordres du roi, avait changé de place. Le roi Niuluki lui-même avait changé de résidence et voulu retenir le Missionnaire auprès de lui. Comme à son arrivée, il lui avait fait préparer un logement dans son *palais*, qui n'était guère plus qu'une cabane comme celle des autres insulaires. Le lieu de la nouvelle résidence s'appelait *Poï*. C'est dans cette maison royale que le P. Chanel célébrait la sainte Messe. Au dimanche 6 mai 1838, fête du Patronage de saint Joseph, il met dans son *Journal* cette note importante : « J'ai la consolation d'offrir le Saint-Sacrifice de la Messe pour la première fois dans cette partie de l'île. La maison du roi nous sert d'église. Non seulement le roi a trouvé bon que la chose ait lieu, mais il a fait avertir toute la vallée. Tout le monde paraît satisfait de ce qu'il vient de voir. Nous avons laissé un beau moment notre autel paré pour satisfaire la curiosité de ces pauvres naturels qui n'avaient encore rien vu de semblable. »

Au bout de quelques mois, le roi voulut de nouveau remettre le Missionnaire dans ses meubles et lui fit construire près de sa maison une cabane avec des bambous fixés en terre et consolidés entre eux par des cordes. Le Missionnaire n'eut pas à en jouir longtemps. Voici ce qu'il écrit : « La nuit du deux au trois février 1839, une tempête, annoncée depuis quelque temps par un ciel brumeux et par un grand vent d'est, éclata tout à coup avec fureur. Les éclairs. le tonnerre, des torrents de pluie, un bruit effroyable de la mer, les cris des insulaires qui invoquaient leurs divinités, telle fut la scène que nous offrit d'abord toute cette nuit. Un peu avant le jour, le vent changea de direction et redoubla de violence. A moitié vêtus, nous luttions tous trois contre l'orage pour essayer de soutenir notre petit palais. Malgré nos efforts nous eûmes la douleur de voir sa toiture voler en lambeaux, et bientôt le corps même de l'édifice, agité, secoué dans tous les sens, tomber enfin tout fracassé et nous laisser sans abri. La plupart des maisons eurent le même sort. Les cocotiers, les bananiers, les arbres à pain, toutes les productions de l'île furent si maltraités, qu'après ce grand désastre on était encore menacé de la famine. »

*
* *

Le P. Chanel, avec l'aide de quelques personnes, releva sa maison et la consolida le mieux possible. Un de ses confrères, le P. Epale, sacré plus tard Evêque de Sion, va nous en donner la description. Six nouveaux Missionnaires de la Société de Marie, en route pour la Nouvelle-Zélande, vinrent inopinément surprendre de la manière la plus agréable le P. Chanel dans son île de Futuna. Dès qu'il fut informé de leur arrivée il courut à leur rencontre. On devine sans peine quelle fut sa joie et sa consolation. Laissons parler le P. Epale : « Je me souviendrai toujours de notre premier entrevue avec le premier apôtre de *Futuna*. « Je vis cet ange de paix et de charité que je croyais avoir embrassé pour la dernière fois à son départ de France. Quelle agréable surprise pour son cœur, et quelles délices pour le mien ! Nous entrâmes dans son asile : ce n'était point la maison de Nazareth ; bien que pauvre, cette maison sainte offrait encore quelques meubles modestes, quelques ustensiles de ménage; dans celle de l'apôtre de Futuna, rien qu'un petit autel en bois brut; des cailloux, recueillis sur le rivage de la mer, formaient le parquet, un tronc d'arbre, jeté en travers, servait d'oreiller pendant la nuit; ses vêtements tombant en lambeaux, ses ornements sacerdotaux et les autres choses strictement nécessaires pour la célébration des divins mystères, ses instruments d'agriculture, la hache qui fut l'instrument de son martyre, voilà tout le contenu de son domicile. »

La nouvelle de l'arrivée de nouveaux Missionnaires s'était bientôt répandue dans l'île et avait fait accourir grand nombre d'insulaires curieux de les voir. Le Père Bataillon, qui déjà connaissait à peu près la langue du pays, profita de ce concours pour annoncer la parole de Dieu. Le lendemain 9 mai 1839, fête de l'Ascension, une grande messe fut célébrée dans la principale maison, à la vue d'un peuple nombreux qui ne savait comment exprimer sa surprise et son bonheur. L'occasion était trop favorable pour que le P. Bataillon n'en profitât pour porter de nouveau la parole. Nous lisons dans le Journal du P. Chanel « que le plus bel ornement, celui qui fit accourir les naturels pour l'admirer, est formé d'une robe qui avait servi à orner la statue de Notre-Dame de Fourvière. Ils n'avaient plus d'expression, ils se contentaient de dire que notre pays était de Dieu. » Le petit orgue qu'on avait apporté du vaisseau, ravissait d'admiration et le roi et le peuple ; aussi fallut-il en jouer plusieurs fois le même jour, dans la maison du roi.

La multitude se réunit avec le même empressement tous les soirs, jusqu'à la fête de la Pentecôte qui fut célébrée par tous les Missionnaires avec la plus grande solennité. Le soir même les Missionnaires reprirent la mer, et le P. Chanel resta seul avec le P. Bataillon qu'il retint quelques jours auprès de lui. Ce temps fut employé à construire une nouvelle cabane plus spacieuse, et surtout à composer, en langue futunienne, quelques prières et un abrégé de la doctrine chrétienne Les deux Missionnaires firent ensemble plusieurs courses dans l'île pour s'informer s'il y avait des malades, visiter les habitants et les instruire en particulier et en public. Toutes les fois que l'occasion s'en présentait, le P. Bataillon ne manquait jamais d'annoncer la parole de Dieu.

Un jour, le P. Bataillon, ayant prêché contre les idoles, proposa au roi de les livrer aux flammes. « Si vous commettiez un tel attentat, reprend le roi, nos dieux se vengeraient et vous seriez vous-même frappé de mort. — Je brave leur colère impuissante, réplique le Missionnaire. — Eh! bien, dit le roi, je vous livre à la colère de nos dieux. » Les idoles sont réunies, et sans trembler, d'une main sûre, le P. Bataillon met lui-même le feu à ce bûcher. Le roi et les naturels s'étaient éloignés, s'attendant voir le feu du ciel tomber sur le sacrilège profanateur. La flamme prend aux idoles, les consume rapidement, et bientôt il n'en reste plus qu'un peu de cendre. Quand les naturels virent revenir à eux les Missionnaires sains et saufs, ils ne savaient comment exprimer leur admiration. Cet acte hardiment accompli fit tomber sensiblement le crédit des fausses divinités. Deux villages entiers demandèrent à être préparés au baptême, le roi lui-même assura qu'il n'attendait, pour se convertir, que le moment où toute l'île se déclarerait en faveur de la religion catholique. Un des mieux disposés était Méïtala, son propre fils, étroitement lié avec le P. Chanel à qui il servait de précepteur de la langue dans l'île. Jusque là l'apôtre n'avait administré le baptême qu'à une vingtaine d'enfants et à trois adultes seulement.

Le moment de la grâce et de la miséricorde n'était pas encore venu pour ce bon peuple. Le démon, furieux de voir ces commencements du règne de Jésus-Christ, vint tout à coup allumer la guerre entre les deux rois qui se partageaient la souveraineté de l'île. Les hommes courent aux armes, et les voilà divisés en deux camps prêts à se jeter l'un sur l'autre et à s'exterminer. Le P. Chanel consterné court d'un camp à l'autre pour désarmer et réconcilier les combattants. Vains efforts ! La bataille s'engage terrible et sanglante. Niuluki et ses gens l'emportent, et le parti vaincu qui avait levé l'étendard de la révolte est anéanti. Son roi est au nombre des morts. Le P. Chanel et le frère Nizier se portent sur le champ de bataille pour secourir les blessés qui respirent encore. Spectacle horrible ! A côté des morts, des blessés qui poussent des cris déchirants. Il leur faut arracher des blessures le fer des lances, étancher le sang qui coule à flots, transporter ces malheureux dans les habitations les plus voisines. Dans cette mêlée sanglante et lamentable, le P. Chanel eut cependant la consolation de pouvoir administrer un mourant qui conservait encore assez de connaissance pour recevoir le baptême.

La Providence qui sait faire sortir le bien du mal, ne laissa pas le Missionnaire sans compensation. La paix fut conclue plus promptement et plus avantageusement qu'il n'avait osé l'espérer. Tout rentra sous l'autorité de Niuluki et il n'y eut plus qu'un souverain dans l'île entière. Le besoin de l'union se faisait sentir et le serviteur de Dieu y contribua de toute sa puissance.

Le P. Chanel put reprendre ses courses dans les villages et rassembler, tantôt sur un point, tantôt sur un autre, les insulaires, de plus en plus avides de le voir et de l'entendre. Ils ne se rendaient pas encore à la vérité, mais ils s'en montraient de moins en moins éloignés. Les petits enfants en particulier s'attachaient aux pas du P. Chanel et accouraient à lui dès qu'ils l'apercevaient. Lui-même, à l'exemple du divin Maître, leur donnait en toutes rencontres des marques de prédilection et les caressait en traçant sur leur front le signe de la croix. Dans les maladies surtout on recourait à lui, et ses prières, il faut le croire, mieux que sa science médicale, donnaient de l'efficacité à ses remèdes. Le Missionnaire mettait à profit toutes ces circonstances pour instruire et édifier son peuple. Il ne mourait presque plus d'enfants sans qu'il eût la consolation de leur administrer le baptême. L'île, pour se convertir tout entière, n'attendait plus que l'exemple du roi.

Hélas ! le roi Niuluki dont les dispositions s'étaient montrées si bienveillantes au début de la mission, venait de changer à l'égard du P. Chanel. Non seulement ce n'est plus de l'affection, mais un refroidissement marqué qu'il lui témoignait en toutes rencontres. Lui qui se croyait ou du moins qui se disait un demi-dieu et que tout le peuple vénérait comme tel, comprenait qu'il allait perdre tout son prestige si ses sujets venaient à se convertir. Plusieurs de ses conseillers, qui, comme lui, vivaient de l'ignorance du peuple et avaient intérêt à l'entretenir, soufflaient au roi leur haine et l'attisaient par mille propos mensongers contre l'homme de Dieu.

Le roi, qui jusque-là avait nourri le Missionnaire, lui retira toute subsistance et tout secours. Pour se faire une existence, le P. Chanel et le frère Nizier se virent obligés à cultiver de leurs mains le jardin qui entourait leur cabane. Les bons insulaires, qui lui étaient restés dévoués, lui apportaient en cachette quelques provisions, hélas ! trop souvent insuffisantes. Il en était réduit à cette nécessité, lorsque lui arrivèrent le P. Chevron et le frère Attale, au mois de mai 1840.

Le P. Chanel, il n'est pas besoin de le dire, reçut avec grand cœur son compagnon et ami qui venait partager sa misère et ses travaux. Là où il n'y avait pas de nourriture pour deux, il fallut qu'elle suffit à quatre. Mais les Missionnaires, tout dévoués au salut des âmes, ne savent pas compter avec les provisions. Par surcroît de pénurie, les maraudeurs venaient encore leur dérober les produits de leur jardin. Le roi aurait voulu les contraindre, par la misère, à quitter le pays. C'était à quoi les apôtres pensaient le moins. Ils n'en prêchaient l'évangile qu'avec plus de zèle et de dévouement. En ce temps-là, Dieu ménagea à son serviteur une grande consolation. Il n'avait rien négligé pour convertir le jeune anglais Thomas Boog, qui lui avait rendu de si grands services et qui était devenu un ami fidèle et dévoué. Les exhortations du P. Chanel et du P. Chevron finirent par l'ébranler, et il ne résista plus. La veille de la Toussaint 1840, il abjura le protestantisme et reçut, avec tous les rites de l'Eglise catholique, le baptême sous condition. Le lendemain, Thomas, en présence d'un certain nombre de naturels, entendit la sainte messe et fit sa première communion avec de grands sentiments de piété. Cette auguste cérémonie produisit sur toute l'assistance une profonde impression.

Le P. Chevron avait été prêté plutôt que donné au P. Chanel. L'île de *Wallis*, occupée par le P. Bataillon, en même temps que celle de *Futuna* par le P. Chanel, avait opposé moins de résistance à la grâce. La moisson devint si abondante, que le P. Bataillon appela le P. Chevron à son secours pour recevoir les nombreuses conversions qui s'opéraient chaque jour. Le P. Chevron quitta Futuna avec un bien vif regret, en baignant de ses larmes le cher ami qu'il ne devait plus revoir sur la terre. « Je laissais, dit-« il, le P. Chanel en pleine persécution. Une seule « pensée me consolait, c'est que je sacrifiais la cou-« ronne du martyre à l'obéissance, sacrifice qui est « bien plus grand pour un Missionnaire. Quatre « mois après mon départ, notre pieux confrère « recevait dans le ciel la palme qui m'était refusée. »

Après le départ de son confrère, le P. Chanel, qui possédait bien la langue, bravant toutes les fatigues et tous les dangers, se livra avec une nouvelle ardeur à la prédication de l'Evangile.

***

L'heure du sacrifice approchait. Un jour qu'il y avait grande réunion dans le village, le frère Nizier ayant prêté l'oreille aux conversations, vint dire au Père qu'il était question de le mettre à mort. « Oh ! ce jour, répondit-il, sans émotion, ne sera pas compté comme le moindre de nos beaux jours. » Et il continue, dit le frère Nizier, à cultiver tranquillement son jardin.

Le danger se dissipa pour cette fois, mais pour se représenter avec une plus grande gravité. Le P. Chanel dont la chaussure et les vêtements étaient usés, venait de faire nu-pieds une grande course à travers les pierres aiguës dont les sentiers de l'île sont parsemés. Les graves et douloureuses blessures qu'il s'était faites le forçaient depuis quelques jours à garder la résidence. Ce repos forcé lui permit de recevoir les catéchumènes qu'il préparait au baptême et dont le nombre augmentait de jour en jour. Ces réunions ne pouvaient avoir lieu sans qu'on s'en aperçût. Les propos contre la religion et le Missionnaire devinrent plus menaçants de la part des infidèles. Le P. Chanel n'en prenait souci, tant était grande la joie qu'il éprouvait de voir augmenter le nombre des conversions. Parmi ces conversions, il en est une surtout qui le remplit d'une plus douce consolation. Ce fut celle de *Méïtala*, fils aîné du roi. Depuis longtemps ce prince lui était dévoué et en le recevant au nombre des catéchumènes, le P. Chanel espérait que son bon exemple entraînerait à sa suite tous les habitants de l'île, Mais ce qui faisait sa joie, mit le roi en fureur. En apprenant que son fils avait reçu le baptême, Niuluki qui se croyait le tabernacle d'un Dieu se vit comme déjà renversé du trône. N'écoutant que sa colère, le roi sur-le-champ condamne à mort le Missionnaire. *Musumusu*, son ministre, avec trois conjurés, *Filitika*, *Ukuloa*, *Fuasea*, reçoit l'ordre d'exécuter la sentence. Au moment où les conjurés se rendent à la résidence du Missionnaire, le frère Nizier, par une disposition particulière de la Providence, s'en trouvait éloigné. Le P. Chanel ne pouvant marcher à cause de ses blessures, l'avait envoyé, dans un village éloigné, visiter un malade et baptiser les enfants qu'il trouverait en danger de mort.

Les conjurés arrivent. Filitika entre le premier et ne trouvant pas le Missionnaire dans l'intérieur de la maison, pénètre dans le jardin où il espère le rencontrer. Le P. Chanel, conservant le souvenir de sa Bresse et un attrait de son enfance, donnait à manger à quelques poules qu'il entretenait dans sa basse-cour. « *Que me veux-tu?* dit-il à Filitika, en le voyant venir. — « *Je suis venu vous prier de me donner un peu de votre eau pour guérir une blessure que Musumusu s'est faite.* » L'un et l'autre rentrent dans la maison. A l'intérieur, ils trouvent Ukuloa qui prie le Père de vouloir bien lui donner le bâton sur lequel il s'appuyait. Celui-ci le lui remet aussitôt, *Musumusu* se tenait sur le seuil de la porte : « *Que me veux-tu?* lui dit le P. Chanel en s'approchant de lui. — « *Je viens chercher un remède pour la contusion que je me suis faite.* » — « *Comment as-tu été blessé?* » — « *En abattant du coco.* »

Le P. Chanel entre aussitôt dans sa maison et va chercher le remède. Il est suivi par Filitika et Ukuloa. Quand le Père sort de sa chambre, il voit Filitika tenant dans ses bras un paquet de linge. « *Filitika*, lui dit-il, *pourquoi voler dans ma mai-*

son ? » Sans rien répondre, Filitika s'approche de la fenêtre et jette dehors sa brassée de linge. Le P. Chanel s'avance sur le seuil de la porte et voit la foule en tumulte qui se dispute ses hardes.

Cependant, *Musumusu*, vivement impatienté, s'écrie : « *Que tarde-t'on donc à le frapper?* Le Père put bien entendre ces paroles. Filitika s'approche et le pousse dehors, en disant : « *Frappez* ». Umutaouli s'élance aussitôt en brandissant son casse-tête. Le serviteur de Dieu, dans un premier mouvement de surprise, s'écrie : *arrête, arrête* et porta le bras droit pour parer le coup ; le bras fracassé retombe. En même temps il recule de deux ou trois pas. Umutaouli décharge un autre cou de casse-tête sur la tempe gauche ; le sang jaillit avec abondance. A ce moment le Père dit plusieurs fois : « *La mort est un bien pour moi.* » Le voilà donc qui fait à Dieu le sacrifice de sa vie pour ses chers insulaires et boit le calice de ses souffrances avec une généreuse résignation. Tous les témoins de son martyre attestent qu'il ne lui est échappé aucun cri, aucune plainte, aucune larme, aucun soupir. Il a toujours conservé son égalité d'âme et il est mort comme un agneau, à l'exemple du divin Maître.

Cependant le serviteur de Dieu respirait encore. Les assassins, après lui avoir de nouveau porté plusieurs coups, pillent la maison et s'enfuient. *Musumusu*, l'instigateur du crime, voyant que le meurtre n'était pas encore consommé, allait et venait en criant : « *Qu'on vienne donc l'achever.* ». Et comme personne ne répond à sa voix, transporté de colère, Musumusu entre lui-même dans la maison, et armé d'une herminette qu'il trouvée sur le lit de frère Nizier, porte le dernier coup à la victime. Le coup avait porté sur le haut du crâne de manière à le diviser en ligne directe du milieu du front. L'instrument avait pénétré si avant, que le meurtrier ne pouvait plus le retirer.

Le martyr venait de rendre sa belle âme à son Créateur. Il y avait joie dans le ciel pour recevoir le grand serviteur de Dieu. Presque au même instant, bien que le temps fût calme et serein, on entendit dans l'air un bruit épouvantable comme un grand coup de tonnerre. Ce prodige jeta l'effroi et l'épouvante parmi les habitants. Les meurtriers qui s'enfuyaient, s'arrêtent tout à coup comme saisis par une main invisible et jettent leur butin. Musumusu semble avoir perdu la tête et va se cacher dans un bois.

***

Cependant, après le départ des meurtriers, la mère de Pipiségo, fervent catéchumène, s'approcha de la maison du serviteur de Dieu, et avec l'aide de deux autres femmes lava son corps ensanglanté. L'une d'elles fit rentrer dans le crâne la partie des cervelles qui s'en était écoulée, et deux filles du roi Niuluki l'oignirent d'huile de coco. On ensevelit le corps avec trois morceaux d'étoffe du pays, qu'avaient donnés une fille du roi et deux autres simples femmes. Mais la vue du corps du Missionnaire était pour le roi et son ministre, comme une voix qui les accusait de cruauté et excitait leurs remords. Ils eurent hâte de le faire disparaître, en creusant sa tombe à quelques pas du lieu où le Père avait souffert le martyre.

*
* *

Mais pendant cette scène de mort, qu'était devenu le frère Marie-Nizier ? Nous avons dit que le P. Chanel, retenu à domicile par ses blessures, l'avait envoyé à sa place pour visiter un malade. Ecoutons-le raconter lui-même comment il fut sauvé de la mort : « Le 28 avril, jour désigné pour mon retour, j'étais en chemin. Encore une heure de plus et j'allais mêler mon sang à celui de mon ange conducteur visible, de mon père spirituel, en un mot de celui qui, après Dieu était mon tout à Futuna ! Mais, hélas ! il n'est pas assez pur ! »

Prévenu à temps et informé de ce qui venait de se passer, il lui aurait était doux, comme nous venons de le lire, de mêler son sang à celui du martyr ; mais l'intérêt de la mission lui faisait un devoir de veiller à sa conservation. Le roi Niuluki vint le trouver, et feignant de pleurer la mort du P. Chanel, il l'engagea à retourner à *Poi*, l'assurant qu'on ne lui ferait aucun mal. Il crut prudent de ne pas se fier à sa parole. « Vous pouvez me faire mourir ici, répondit le bon frère, mais je ne veux pas retourner à *Poi*. » Niuluki n'insista pas et finit par avouer que le P. Chanel avait été mis à mort par son ordre. Quatorze jours s'étaient écoulés depuis le martyre du serviteur de Dieu, lorsque arriva à Futuna un navire américain qui devait aborder à Wallis. Le frère Nizier profita avec empressement de cette occasion, pour se rendre auprès du P. Bataillon qui le reçut avec une émotion plus facile à comprendre qu'à dépeindre. C'est de là que fut envoyée, à Lyon, la nouvelle tout à la fois douloureuse et glorieuse de la mort du P. Chanel. Ses confrères et ses amis ne le pleurèrent pas sans consolation. Tous éprouvèrent un sentiment de confiance intérieure qui leur dit, qu'ils avaient un ami et un protecteur de plus dans le ciel.

Cependant, les ennemis de la religion dans l'île de Futuna triomphaient de la mort du P. Chanel. Ils allaient partout en manifestant leur joie et en disant : « Le Prêtre est mort, la religion a péri avec lui. » Ils se trompaient; aujourd'hui comme aux premiers siècles de l'Eglise, le sang des martyrs a été et reste toujours une semence de chrétiens. La violente détonation qui s'était fait entendre au-dessus de la case du martyr, immédiatement après sa mort, avait produit et laissé une vive impression parmi les naturels du pays ! Depuis, Forrok, frère du roi, l'un de ses principaux conseillers, avait été frappé de mort. Il avait beaucoup contribué au crime de *Poi*. Le roi lui-même était atteint d'une horrible maladie. Il était d'un embonpoint extraordinaire et il devint en peu de temps d'une maigreur peu commune; des douleurs intolérables donnèrent à son agonie tous les caractères d'une vengeance divine. C'en fut assez pour persuader aux naturels que la main de Dieu s'appesantissait sur les meurtriers de l'apôtre de Futuna. Ils ne tardèrent pas à demander de nouveaux missionnaires qui leur furent envoyés. Aujourd'hui l'île de

Futuna forme une chrétienté où règne la ferveur des premiers âges de l'Eglise. Il faut croire que le P. Chanel en mourant avait prié pour ses bourreaux. Les quatre principaux qui avaient servi d'instrument à la colère impie de Niuluki, furent des premiers à se convertir et tinrent jusqu'à la fin une conduite chrétienne et édifiante.

*
* *

Né le 12 juillet 1803, le P. Chanel est mort le 28 avril 1841, dans sa trente-neuvième année. Sa mission dans l'île de Futuna a été de trois ans et demi. Le premier soin des Pères Maristes, dès qu'ils le purent, fut d'aller réclamer le corps de leur confrère et tout ce qui lui avait appartenu comme autant de reliques d'un prix pour eux au-dessus de tous les trésors de la terre. Ce corps précieux est aujourd'hui en dépôt dans la Maison-Mère des Maristes à Lyon. L'herminette qui a porté le coup de mort est déposée au musée de la Propagation de la foi.

*
* *

Il nous reste à dire, pour la consolation de nos lecteurs, que la cause du *Vénérable* Chanel est en bonne voie. L'intérêt que lui porte le Chef auguste de l'Eglise nous permet d'espérer le décret prochain de sa *Béatification*. Alors nous pourrons élever des autels au *Bienheureux* Chanel et lui rendre un culte public. L'Eglise, la France et le diocèse de Belley en particulier aura un Patron, un protecteur le plus dans le ciel. La paroisse de Cuet qui lui a donné le jour pourra et devra compter sur une pro-ection spéciale et une plus large effusion de ses aveurs. Comme Pibrac et Ametter, Cuet ne devien-dra-t-il pas un lieu de pèlerinage où la Bresse se donnera rendez-vous ? où elle accourra pour conju-rer les intempéries et surtout pour ranimer sa dévo-tion et l'ancienne foi de ses pères ? Vous y viendrez, vous, jeunes bergers, enfants du catéchisme, pour apprendre du Bienheureux Chanel les vertus de votre âge et demander par son intercession la grâce si importante au salut, de connaître et de suivre votre vocation.

Mais, en attendant ce grand et heureux jour, pro-chain croyons-nous, chacun dès à présent peut pri-vément honorer et invoquer le *Vénérable* Chanel. Déjà en Océanie et en France, grand nombre de grâces spirituelles et temporelles, plusieurs guéri-sons désespérées ont été obtenues par son interces-sion. C'est la foi qui nous manque. Honorer et invo-quer les saints, c'est glorifier Dieu qu'ils ont servi sur la terre et qui les couronne dans le ciel.

LÉGENDE

DU

VÉNÉRABLE P.-M.-L. CHANEL

Sur l'air du cantique de sainte Urbaine,
à Marboz.

1

Honneur et gloire à la Bresse,
Toujours féconde en héros !
Par des chants pleins d'allégresse,
Réveillons tous les échos.
Pour célébrer les louanges
D'un grand serviteur de Dieu.
Avec nous, chantez, saints Anges,
Pour le louer en tous lieux.

2

Au hameau de la Potière
Pierre Chanel vit le jour.
Comme l'œil à la lumière
Son cœur s'ouvrit à l'amour.
A Jésus, dès son bas âge,
Il donna ses premiers ans ;
Et fut à lui sans partage,
Jusqu'à ses derniers instants.

3

Pierre avait sept ans à peine,
Quand sa mère, un beau matin,
L'appelle et aux champs l'emmène
En lui montrant le chemin :
Va, mon Pierre, à la prairie;
Tu garderas le troupeau;
Et souviens-toi que Marie
A veillé sur ton berceau.

4

L'air est pur et l'oiseau chante !
Pierre part d'un pied léger.
Les bois, les fleurs, tout enchante
Le jeune et pieux berger.
Et quand le soir à l'étable
Le troupeau rentre à pas lent,
Pierre aussi, toujours aimable,
Rentre à la ferme en chantant.

5

Appuyé sur sa houlette,
Pierre, ravi, suit des yeux
L'harmonieuse allouette
Qui du sillon monte aux cieux :
Oiseau, que n'ai-je tes ailes
Pour voler vers les élus !
Des demeures éternelles,
Ah ! je ne descendrais plus.

6

Quelqu'un l'appelle... Il écoute...
C'est un passant égaré
Qui lui demande sa route ;
De Cras, c'est le bon Curé.
Charmé de sa bonne mine :
« Viens, lui dit-il, viens à Cras ;
« Apprendre la langue latine,
« Et prêtre, un jour, tu seras. »

7

Pierre pourra-t-il sans larmes
Quitter le toit des aïeux ?
La Potière a mille charmes
Pour son cœur et pour ses yeux.
Adieu ! mes bœufs, mes génisses...
Et toi, fidèle Médor...
Quand Dieu veut des sacrifices,
Il faut dire : « Encor, encor !... »

8

Dieu bénit l'obéissance.
Auprès de l'abbé Trompier,
Pierre, avec surabondance,
Trouve un toit hospitalier.
A l'étude, sans relâche,
Il se livre avec ardeur.
Reprenant toujours sa tâche
Avec nouvelle ferveur.

9

Quand revient fête et dimanche,
Pierre, parmi les servants,
Vêtu de son aube blanche,
Offre le vin ou l'encens.
A voir la piété tendre
Du jeune et fervent Chanel,
Chacun croit voir, croit entendre
Un ange au pied de l'autel.

10

Pierre a grandi, Pierre est prêtre ;
A l'autel il peut monter.
Pour servir le divin Maître
Son cœur veut tout surmonter.
S'il le faut, au bout du monde,
Pierre ira porter ses pas,
Bravant la fureur de l'onde
Et la crainte du trépas.

11

A l'honneur de Notre-Dame,
Un récent apostolat
A déployé l'oriflamme
Qui parle au cœur du soldat.
Chanel, missionnaire avide
De verser pour Dieu son sang,
S'avance et marche intrépide,
Pour combattre au premier rang.

12

Partez, Enfants de Marie,
Apôtres, portez la foi
Au sein de l'idolâtrie,
Et de Dieu prêchez la loi.
Ils sont huit à l'avant-garde,
Tous apôtres résolus.
La Vierge, au ciel les regarde
Et sourit à ses élus.

13

Satan, frémissant de rage,
Par un infernal travail,
Du vaisseau que bat l'orage
Détache le gouvernail.
Le vent déchire la voile !
Nul n'évitera la mort !
Quand des mers brille l'Etoile,
Et le navire entre au port.

14

Au ciel il faut des victimes :
Jésus meurt sur un gibet !
Entre les huit magnanimes,
Dieu choisit le Père Bret.
Au mal de mer il succombe,
Parmi les pleurs, les sanglots;
Et son corps n'aura pour tombe
Que la profondeur des flots.

15

Le grain qu'arrosent les larmes
Fait abonder la moisson.
Après l'hiver, les alarmes,
Revient la belle saison.
Pourquoi pleurez-vous, Apôtres ?
Voyez Wallis, Futuna !
Bientôt ces îles seront vôtres ;
Chantez, chantez : hosanna !

16

A Futuna l'on aborde,
Port si longtemps convoité !
Chanel au roi qui l'accorde
Demande hospitalité.
Avec Nizier, son cher frère,
L'Apôtre en prend possession.
Seigneur, en vous il espère :
Vous bénirez sa mission.

17

Le roi d'abord favorable,
Le reçoit avec honneur ;
Le fait asseoir à sa table
Et l'écoute avec faveur.
A Dieu l'apôtre rend grâce.
De ce bienveillant accueil.
Hélas ! trop tôt la disgrâce
Préparera son cercueil.

18

Futuna, peuple docile,
De Chanel entend la voix.
Veut embrasser l'Evangile.
Et se soumettre à ses lois.
Satan qui voit son empire
Par l'apôtre renversé,
Dit au roi : que l'on conspire,
Que son trône est menacé.

19

Mort, dit-il, mort à l'impie
Qui fait la guerre à nos dieux !
Que par le sang il expie
Son attentat odieux.
Ne tolérez pas, grand prince,
Parmi nous le nom chrétien,
Ou bientôt dans la Province
Votre sceptre tombe à rien.

20

Il est temps de vous l'apprendre :
Votre fils Méïtala
Lui-même, vient de se rendre ;
Hier, au Christ il s'enrôla.
Aujourd'hui l'eau du baptême
Qui va couler sur son front.
Porte à votre diadème
Un irréparable affront.

21

N'écoutant que sa colère,
Le roi répond en fureur :
Guerre au Christ ! Guerre à sa Mère !
Et régnons par la terreur.
A mort cet homme sinistre
Qui met mon trône en danger !
Sans retard, ô mon ministre,
Frappez, frappez l'étranger.

22

Mourir est un jour de fête,
Quand pour la foi l'on combat.
Chanel joyeux tend la tête
A son bourreau qui l'abat,
Son sang coule avec violence
Et jaillit sur les payens ;
Il devient une semence
Qui fait germer les chrétiens.

23

Des siens Dieu prend la défense.
La foudre qu'il tient en main,
Pour exercer sa vengeance
Eclate et tombe soudain.
Renversés dans la poussière,
Bourreaux vous péririez tous,
Si du Martyr la prière
N'implorait pardon pour vous.

24

Tressaillez, terres stériles
De Futuna, de Wallis,
Mais aujourd'hui si fertiles
Où l'on voit fleurir les lys.
La douce paix, la concorde
De tous les cœurs n'en font qu'un ;
Les biens que le ciel accorde,
Sont pour tous mis en commun.

25

Enfant chéri de Marie
Qui traversa l'Océan,
Gloire de notre patrie
Et l'honneur du nom bressan !
Conserve au pays de Bresse
Le don précieux de la foi,
Et l'amour de la sagesse
Qui mène au ciel avec toi.

www.ingramcontent.com/pod-product-compliance
Ingram Content Group UK Ltd.
Pitfield, Milton Keynes, MK11 3LW, UK
UKHW020417180726
13839UKWH00003B/1340